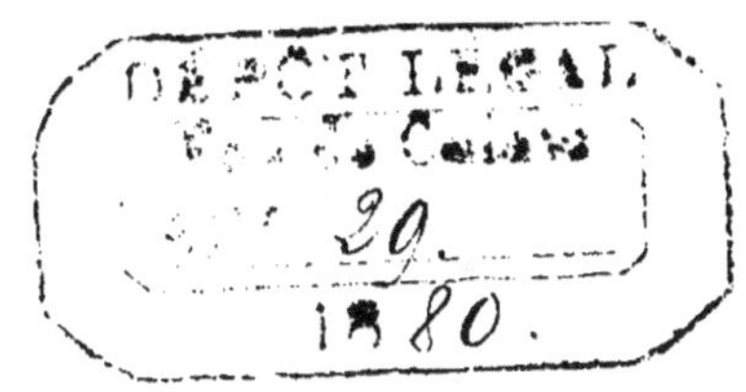

ALLOCUTION

PRONONCÉE PAR M. DE LENCQUESAING

Curé-Doyen de Calais

AUX FUNÉRAILLES

DE

M. GRÉBERT

CURÉ DE LA PAROISSE DU COURGAIN

FAUBOURG MARITIME DE CALAIS

ARRAS

IMPRIMERIE DE LA SOCIÉTÉ DU PAS-DE-CALAIS

Rue d'Amiens, 41 et 43

ALLOCUTION

*Prononcée par M. de LENCQUESAING, curé-doyen
de Calais,*

AUX FUNÉRAILLES

DE

M. GRÉBERT

CURÉ DE LA PAROISSE DU COURGAIN

Mes très chers frères,

C'est avec une émotion profonde que nous
venons d'offrir le saint sacrifice de la messe
pour le repos de l'âme du prêtre si bon, si dévoué que nous regrettons tous. Mais, au milieu de notre douleur, c'est une consolation,
je me hâte de le dire, de vous voir réunis si
nombreux, ayant à votre tête les représen-
tants des autorités civiles et militaires de notre
ville. Vous êtes venus avec ce nombreux clergé
pour prier, pour rendre un hommage public
et solennel au zèle de ce pieux et excellent
confrère que la mort vient de ravir à l'Eglise
de Dieu et au diocèse.

Vous témoignez par votre présence que vous
comprenez les grandeurs et l'utilité du sacerdoce, en même temps que vous manifestez vo-

tre reconnaissance pour celui qui pendant tant
d'années s'est dévoué pour le bien de cette paroisse. Votre démarche vous honore, honorant
à la fois ce bon pasteur à qui nous pouvons
bien appliquer cet éloge de nos Saints Livres :
*Il a été aimé de Dieu et des hommes, et sa
mémoire sera bénie de tous ceux qui l'ont
connu.*

En vous disant qu'il était bon et qu'il était
aimé de tous, je ne fais que redire la parole
de louange que j'ai entendue sortir de toutes
les bouches depuis trois jours, que dis-je, pendant toute ma vie. On disait volontiers : ce
bon Monsieur Grébert. La bonté était le ca-
ractère distinctif de sa belle nature. Mais cette
bonté que Dieu avait mise en lui n'était pas
une de ces bontés timides et inactives dont
nul ne profite, mais une bonté intelligente,
sanctifiée par la foi, échauffée par le zèle, utile
à Dieu et aux hommes. Cette bonté naturelle
qui se mêlait à toutes ses autres qualités,
n'était pas non plus une bonté stérile, renfer-
mée dans son âme, mais cette bonté de l'Apô-
tre sachant se faire lui-même tout à tous. Aussi
elle a rayonné au dehors, elle a éclaté en bon-
nes œuvres ; elle tempérait, mais n'arrêtait
pas la féconde activité de sa vie sacerdotale.

Tout jeune encore, son air de bonté et de
candeur frappe le respectable abbé Delvart,
qui disait la messe à l'hôpital Saint-Louis, à
Saint-Omer. Il admirait la piété de son petit
enfant de chœur, et quand il le vit revenir
chargé de prix, il comprit que peut-être Dieu
pouvait avoir de grands desseins sur cette
jeune âme. Ce bon vieillard avait longtemps

tenu un pensionnat d'études secondaires et plusieurs honorables familles de Calais y avaient envoyé leurs fils ; mais malgré son âge avancé, il crut que Dieu lui demandait de reprendre ses anciennes fonctions, et il le fit avec d'autant plus de bonheur que l'enfant était doué d'une mémoire heureuse et d'une grande facilité.

Grâce à d'heureuses circonstances, le jeune étudiant fut mis en rapport avec deux nobles et religieuses familles de Saint-Omer, qui contribuèrent avec bonheur à l'œuvre commencée. Je n'ai pas besoin de vous dire, mes très chers Frères, combien la reconnaissance, qui est la vertu des grands cœurs, avait jeté de profondes racines dans l'âme si bonne du jeune étudiant. Il fut l'ami le plus vrai de ces pieuses familles, il partagea leurs peines comme il sut partager leurs joies.

Je ne m'arrêterai pas à vous montrer l'abbé Grébert au petit séminaire. Ses condisciples en ont conservé le meilleur souvenir. Son intelligence et son heureuse mémoire lui obtinrent des succès. Nul ne pouvait l'égaler pour les vers latins, et ceux qu'il composa l'année dernière et qu'il fit graver sur les cloches de cette église, témoignent qu'il n'avait rien perdu de son aptitude à rendre sa pensée dans le langage de Virgile et d'Horace. Au grand séminaire il fut parmi les plus édifiants, et avant même qu'il eût l'âge d'être admis au sacerdoce, il fut désigné par ses supérieurs pour diriger la maison de la Maîtrise de la cathédrale d'Arras.

Lorsqu'il fut ordonné prêtre, une délicate

**

mission fut confiée à son zèle. Il fut nommé précepteur dans une famille dont le nom est synonyme de charité. Dieu le permit parce qu'il devait contribuer quelques années après à adoucir de profondes douleurs.

Et quoique déjà à cette époque il eût été nommé vicaire à Éperlecques, l'une des paroisses les plus étendues du diocèse, il se faisait un devoir de retourner aussi souvent que possible près de ceux qui l'avaient si bien accueilli et dont il avait su conquérir l'estime et l'affection. Il aimait à parler des longues et pénibles courses qu'il devait faire pour administrer les sacrements dans un pays où il n'y avait pas de routes praticables en hiver; et pour se délasser le soir, il était heureux de faire pour des jeunes gens qui font depuis longtemps déjà l'honneur du clergé ce que le vénérable abbé Delvart avait fait pour lui-même.

Après trois années passées dans cette paroisse, Son Eminence le Cardinal de la Tour d'Auvergne, alors évêque d'Arras, crut le moment arrivé de le nommer curé, et il fut désigné pour Remilly, Ouve et Wirquin. Mais à peine s'était-il rendu à son poste qu'il fallut nommer un vicaire dans l'une des plus importantes paroisses du diocèse. Son Eminence tenait à être agréable au vénérable Doyen, qui réclamait un collaborateur intelligent, actif et dévoué. M. l'abbé Grébert fut nommé vicaire à Aire. Dans cette paroisse, comme plus tard à Audruick, il fut ce que nous l'avons toujours connu, plein de respect pour ses supérieurs, déférant à tous leurs avis, ardent au travail, bon pour ses confrères et pour tous les habitants qui en ont conservé le meilleur souvenir. Messieurs les Doyens de ces deux cantons l'honorèrent toujours de leur amitié, et quand, plusieurs années après son départ, il leur fut donné de célébrer leur jubilé de prêtrise et de doyenné, notre cher défunt était des premiers invités à la grande solennité. Il leur semblait qu'il ne pouvait pas y avoir de fête complète sans lui.

Mais hâtons-nous, mes Frères, de vous le montrer à son œuvre par excellence. Dieu ne l'avait fait passer par tant de positions différentes qu'afin de lui donner la connaissance des hommes et des choses, afin qu'il pût réussir dans la fondation d'une nouvelle paroisse.

Dans une de ses premières visites à Calais, l'attention de Mgr Parisis fut attirée sur la différence si tranchée qui existait entre les deux populations qui formaient la paroisse Notre-Dame de Calais. Sa Grandeur avec la promptitude et la justesse de vue qui la caractérisait décida qu'une chapelle serait établie au milieu de la population maritime, et qu'un vicaire de Notre-Dame y ferait les offices. Les choses étaient dans cet état, lorsque l'autorité diocésaine nomma M. Grébert vicaire de la paroisse de Calais, mais spécialement chargé du quartier maritime. A peine arrivé le nouveau vicaire se met résolument à l'œuvre. Le local qui servait de chapelle était trop restreint; un autre un peu plus vaste se présente. Le prêtre dévoué ne craint point d'assumer un loyer plus élevé. Tout un mobilier bien simple, il est vrai, est acheté. Il se fait quêteur pour le payer. Rien ne l'arrête dans son ardeur pour le bien, il va à St-Omer, à Arras, dans les différents postes qu'il a occupés, et où il a laissé tant d'amis. Les dames de l'œuvre des églises pauvres dont il est l'aumônier fournissent avec un dévouement, dont il fut toujours si heureux, tous les ornements nécessaires à la célébration de nos saints mystères.

En même temps qu'il procurait à la nouvelle chapelle les objets nécessaires au culte divin, il s'occupait de l'instruction des enfants, cette partie du troupeau spécialement chère au bon Pasteur. A sa demande déjà la conférence de St-Vincent-de-Paul de Calais avait établi une salle d'asile. Pour lui il convoquait les enfants à des catéchismes que son intelligente et douce affabilité savait rendre si intéressants. Il composait lui-même des dialogues entremêlés de pieux cantiques qui dramatisaient l'histoire de nos solennités et qui inspiraient aux jeunes âmes l'esprit dans lequel nous devons les célébrer. Nous fûmes invités à présider quelques-unes de ces innocentes fêtes. Les parents y étaient eux-mêmes invités et apprenaient ainsi de la bouche de leurs enfants ce qu'ils avaient pu oublier.

Saintes industries, mes frères, qui montrent que son zèle n'épargnait aucun moyen d'instruire son peuple et d'entretenir en lui la connaissance des vérités essentielles de la religion.

Les œuvres se multipliaient autour de lui. On avait davantage recours à son ministère ; aussi lui était-il difficile de subvenir à toutes ses fonctions. La Providence y pourvut. Le poste

de l'hôpital militaire devint vacant et **M.** Grébert y fut nommé avec un traitement qui lui
permit d'avoir un vicaire pour l'aider dans
l'exercice de son ministère. Toujours attaché
à la paroisse Notre-Dame, il se servit sans
doute de cette situation pour intéresser les
personnes généreuses à son œuvre ; mais il ne
pouvait s'y consacrer tout entier. Aussi combien fut-il heureux lorsque le gouvernement à
la sollicitation pressante de Mgr Parisis érigea
sa chapelle en succursale.

Curé de cette nouvelle paroisse, il voit le
moyen de faire plus de bien encore. Il en sai-
sit toutes les occasions avec empressement.
Avant la grande révolution deux Frères ve-
naient donner l'instruction aux jeunes marins.
Depuis lors, aucune école n'y avait été établie.
M. Grébert trouve le moyen d'avoir une Sœur
de St-Paul pour faire la classe aux petites filles
et deux Frères font l'école le soir pour les gar-
çons. Plus tard il obtint, grâce à ses bons rap-
ports avec l'administration municipale, d'avoir
des locaux en rapport avec la nombreuse population de sa paroisse et un personnel enseig-
nant. Par ses soins et les efforts de son zèle,
des œuvres de préservation et de persévérance
furent créées sous le patronage de la sainte
Vierge et de saint Joseph et donnaient les plus
douces espérances au pieux et zélé pasteur.

Au milieu de tant d'œuvres, notre cher défunt ne pouvait abandonner celles dont il avait
été chargé lorsqu'il était vicaire. Elles lui donnaient l'occasion d'entretenir de précieuses
relations. Ainsi il conserva jusqu'à la fin le
titre d'aumônier des dames des églises pau-

vres et rendit des services nombreux à la communauté des Franciscaines, dont il étaitle chapelain et le confesseur ordinaire. Sa mort laissera à ce pieux monastère un vide qui sera bien difficilement comblé. La présence d'une partie de la communauté présidée par le vénérable fondateur est le témoignage de la confiance qui lui était si légalement due.

Installé en 1861 comme desservant, M. l'abbé Grébert désirait plus que jamais avoir une église digne de sa sublime destination. Qui pourrait dire son bonheur lorsque, trois ans plus tard, il nous fut donné d'en bénir la première pierre en présence de toutes les autorités de la ville. Son œuvre par excellence allait avoir son complément nécessaire. Sans doute il lui faudra faire bien des démarches pour se procurer les ressources suffisantes. Mais ce bon prêtre a-t-il jamais épargné ses peines. Il comptait, du reste, sur la Providence, qui ne lui avait jamais fait défaut.

Je n'ai pas besoin de vous faire remarquer, bien chers frères, combien il fallut s'industrier de mille manières pour réunir une somme de 100,000 fr.

Dieu bénit son bon et courageux serviteur, et trois ans après il entrait dans cette église, qui reçut depuis de nouveaux embellissements. Des autels en pierre remplacèrent les autels provisoires, et l'année passée nous bénissions trois belles cloches, dont les sons harmonieux devaient annoncer nos grandes solennités. Hélas ! nous étions loin de penser alors qu'elles annonceraient si tôt son trépas !

Et cependant, voici qu'il y a seize jours il fut saisi d'un malaise indéfinissable.

A son grand regret, il ne put se rendre à l'église pour entendre les confessions à l'occasion de la grande fête de Noël, et il se fit apporter la sainte communion avant la messe de minuit. Personne ne songeait à une fin prochaine, mais lui-même y pensait déjà sérieusement, et sa vie ne fut plus qu'une préparation à la mort. Il avait été frappé de la fin si subite et si inattendue d'un de nos bons confrères. Il ne faut pas attendre, disait-il. Enfin, dans la nuit du 31 décembre au 1er janvier, la respiration devint plus pénible, il s'était confessé la veille et devait faire la sainte communion par dévotion. Il exigea que son vicaire lui donnât en même temps l'extrême-onction, au grand étonnement de tous.

Heureuse précaution, mes frères, car bien que son état devînt de plus en plus inquiétant, rien ne faisait redouter une fin immédiate.

Samedi dernier, à deux heures et demie, il me disait qu'il était mieux, et le soir à huit heures il dit qu'il allait se coucher. Il recommande qu'on lui apporte la sainte communion le lendemain avant la première messe. Il se met au lit en disant *Que la sainte volonté de Dieu soit faite.* Il s'endort et, sans aucune douleur, sans donner aucun signe, on s'aperçut cinq minutes après qu'il avait rendu sa belle âme à Dieu. Le bon ministre du Seigneur avait achevé l'œuvre qui lui avait été imposée. Il est rappelé par son divin Maître pour recevoir la récompense qu'il avait bien méritée.

Et maintenant, puisque le Ciel nous impose

ce sacrifice, adieu, prêtre si bon et si zélé, en qui nous admirions toutes les vertus sacerdotales, adieu, adieu, au nom du premier pasteur de ce diocèse, qui m'a fait part immédiatement de tous ses vifs regrets. Il espérait toujours vous voir à la tête de cette paroisse que vous avez fondée et où il vous croyait indispensable. Adieu au nom de tous les prêtres de ce doyenné, au nom d'âmes si nombreuses dont vous aviez conquis l'estime et l'affection par vos qualités précieuses. Adieu enfin au nom de cette paroisse du Courgain que vous avez tant aimée et pour laquelle vous vous êtes tant dévoué.

Son désir le plus grand, mes frères, est que vous profitiez de tout ce qu'il a fait pour votre sanctification. Cherchez avant tout le royaume de Dieu et sa justice, et vous recevrez le surcroît promis par l'Evangile. Venez chaque dimanche dans cette église qu'il a bâtie pour vous au prix de tant de sacrifices ; venez y rendre à Dieu le culte d'adoration qu'il demande, que votre vie soit saintement chrétienne...

Et maintenant unissons-nous dans une suprême prière. Demandons avec l'Eglise que si notre regretté défunt ne jouit pas encore du bonheur des saints... il faut être si pur pour être admis dans l'éternel séjour ! son âme s'élève dans le ciel au milieu des aspersions et des encensements dont la sainte liturgie environne sa dépouille mortelle. Qu'il prie pour nous et nous obtienne d'aller le rejoindre.

Ainsi soit-il.

Arras, imp. du Pas-de-Calais, P.-M. Laroche, dir.

www.ingramcontent.com/pod-product-compliance
Lightning Source LLC
LaVergne TN
LVHW010913180726
843502LV00010B/4109